自力で温州

バスに揺られて

Tabisuru CHINA 013

路線バスでゆく
温州みかんの温州

Asia City Guide Production

【白地図】温州と浙江省

CHINA
温州

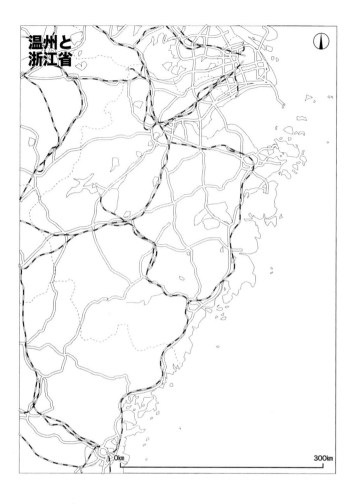

【白地図】上海市街

CHINA
温州

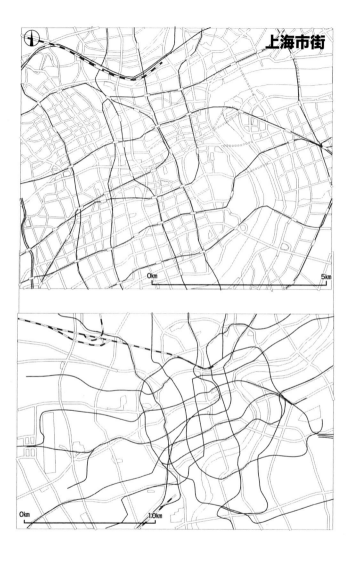
上海市街

【白地図】杭州

CHINA
温州

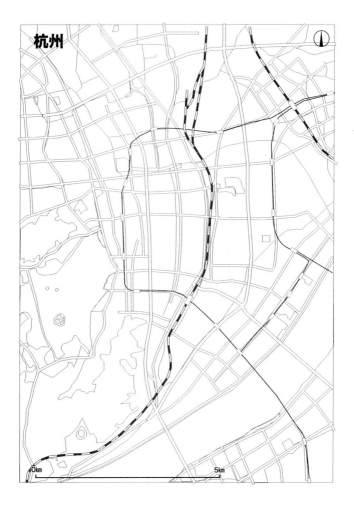

【白地図】寧波

CHINA
温州

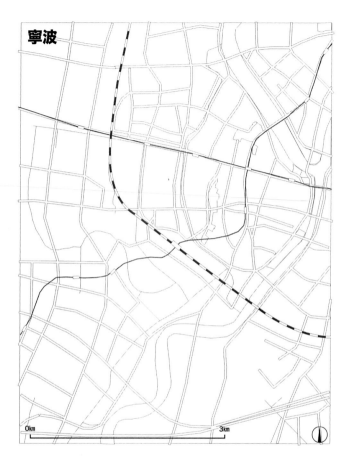

寧波 Wenzhou 白地図

【白地図】福州

CHINA
温州

福州

Wenzhou 白地図

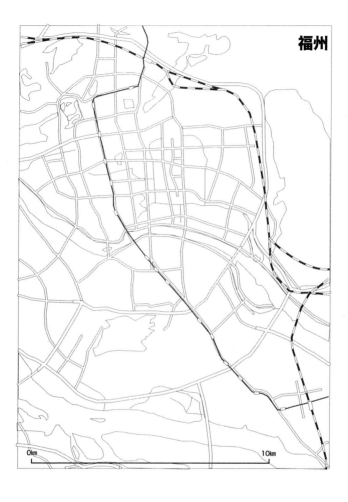

【白地図】温州市街へ

CHINA
温州

温州市街へ

Wenzhou | 白地図

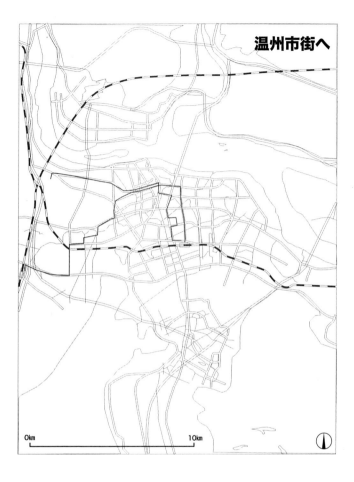

【白地図】温州駅

CHINA
温州

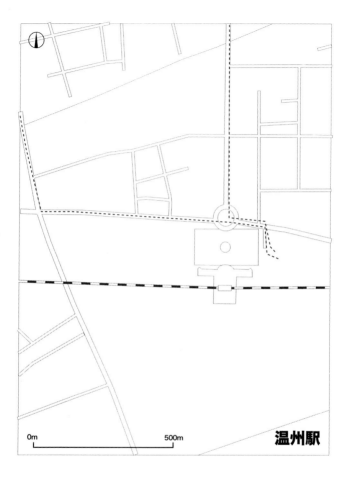

【白地図】温州新市街と温州空港

CHINA
温州

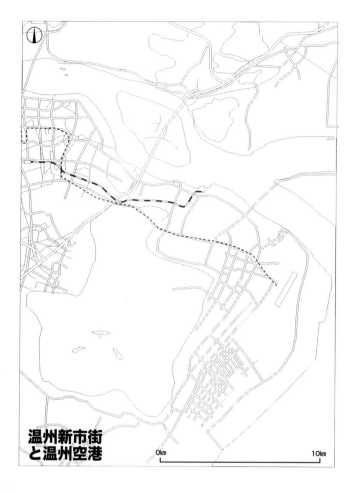

【白地図】温州

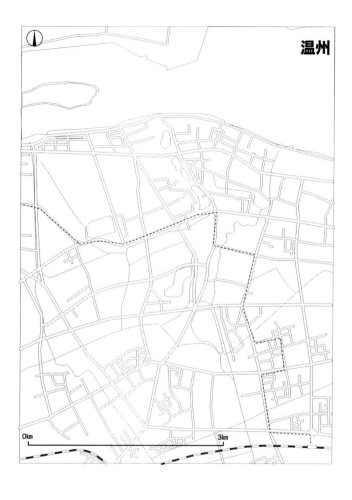
温州 Wenzhou 白地図

【白地図】温州6大エリア

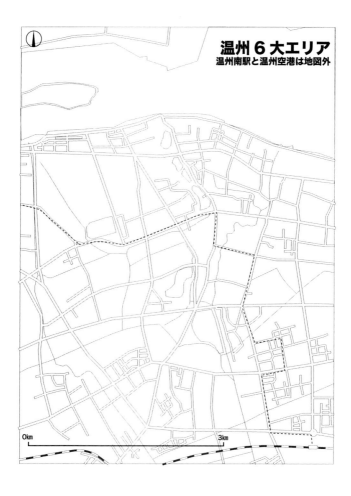

【白地図】江心嶼

CHINA
温州

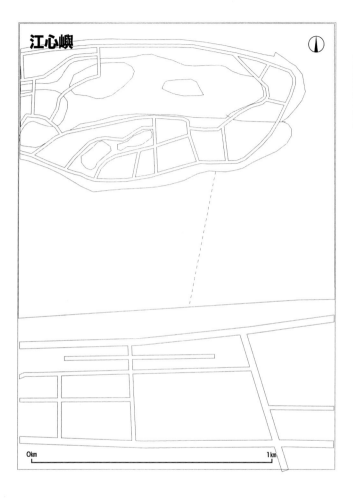

【白地図】温州旧城バス路線図

CHINA
温州

【白地図】温州旧城

【白地図】旧城西部

CHINA
温州

【白地図】岔道村（長城の西 2km）

CHINA
温州

【白地図】温州新市街

CHINA
温州

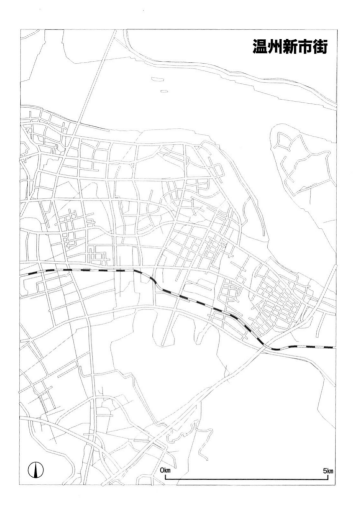
温州新市街
Wenzhou 白地図

【白地図】世紀広場

CHINA
温州

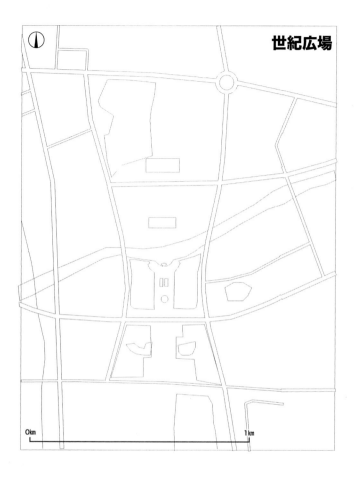

世紀広場

Wenzhou 白地図

【白地図】温州郊外

温州郊外

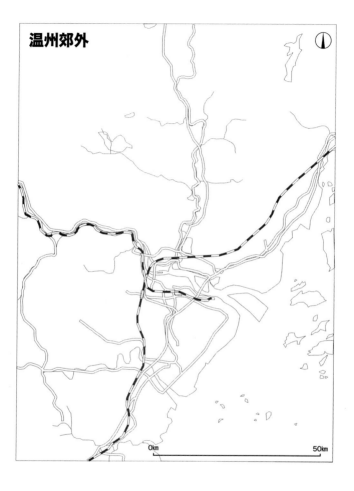

Wenzhou 白地図

【旅するチャイナ】
011 バスに揺られて「自力で潮州」
012 バスに揺られて「自力で汕頭」
013 バスに揺られて「自力で温州」

CHINA
温州

温

州という言葉は、「天津甘栗」や「南京豆」のように、日本語のなかに入って親しまれています。「温州みかん」の温州です。そのため、温州みかんの温州か、とイメージをふくらませてみると、ことはそんなに簡単でもないようです。

温州みかんは、浙江省東部から伝わった種をもとに、日本で出現した新種で、柑橘類で古くから知られた浙江省の「温州」の名前が冠されたというのです。そして、中国に出張に行かれるかたならば、「温州商人」のことはよくご存知かもしれま

Tabisuru CHINA 013
バスに揺られて
自力で温州

せん。

仲間うちにしかわからない中国で一番難しいという方言(温州語)を使って、地縁血縁ネットワークをつくり、商機を見つけては投資し、成功させることから、「中国のユダヤ人」と呼ばれたりもするようです。実際に旅するまであまり温州のイメージはわかなかったのですが、温州の路地を歩くと意外な発見も、、、。それでは温州の見聞録(アクセス情報旅行ガイド)をお送りします。

【自力旅游中国】

Tabisuru CHINA 013 自力で温州

目次

自力で温州 …………………………………………………… xxxviii

温州どんなとこ？ ……………………………………………… xlii

温州へ行ってみよう …………………………………………… l

温州駅南駅空港から市街 ……………………………………… lxv

温州ざっくり把握 ……………………………………………… lxxvii

江心嶼行ってみよう …………………………………………… lxxxiv

温州旧城路線バスで移動 ……………………………………… lxxxviii

歩こう温州旧城の路地 ………………………………………… xcix

新市街もすごいことに ………………………………………… cxi

温州から福州や杭州へ ………………………………………… cxxii

あとがき ………………………………………………………… cxxxii

【MEMO】

温州
どんな
とこ？

温州は浙江省最大の都市
西湖のほとりに開けた華麗な杭州とは
異なる趣をもつ商業都市です

浙江省南部の大都市

温州は上海の南隣りに広がる浙江省のなかでも、南部（浙南）に位置する商業都市です。中国の省がひとつの国規模の人口や多様性をもつことはよく知られていますが、浙江省の北と南では、平原と山というふうに大きく地形が異なっています。同じ浙江省なのに、温州から省都杭州へはとても遠く、東海を通じて北の寧波、南の福州、対岸の台湾へのアクセスはよい。そんな土地がらでした。「江浙熟せば天下足る」と言われるほど豊かな土地で知られた杭州、紹興、寧波に対して、温州や台州は山がちで耕作地にとぼしく、農業だけではなかな

Wenzhou 温州どんなとこ？

か生活も立ちゆかない。そうしたところから、海上交易へ繰り出したり、塩の密売人になったり、華僑として海を渡ったり、と人びとはさまざまな工夫をしてやってきたと言います。

温州みかんについて少し調べてみた

温州みかん、寧波キンカンや福州キンカン。日本でも食べられているこれら柑橘類の名前からもわかる通り、中国東南沿岸地帯は「みかんの郷」と知られます。そして、日本の温州みかんは浙江黄巌、温州あたりからやってきた種をもとに日本で出現した新種と言います。具体的には、江戸時代の

CHINA
温州

1738年の『本草或問』に温州みかんの記述があり、温州みかんは中国の早橘か天台山橘が鹿児島長島にもたらされ、その種をもとに生まれた「新種(日本原産)」だそうです。この温州みかんは、江戸時代の日本で人気の高かった和歌山の紀州みかん(こちらは中国原産)を、明治時代には駆逐するように広がり、現在では日本ばかりでなく世界でも広く栽培されているようです。ちなみに、日本ではこの「温州(おんしゅう)みかん」を「温州(ウンシュウ)ミカン」とも呼び、中国北京語では「温州(おんしゅう)」は「温州(ウェンチョウ)」と発音します。

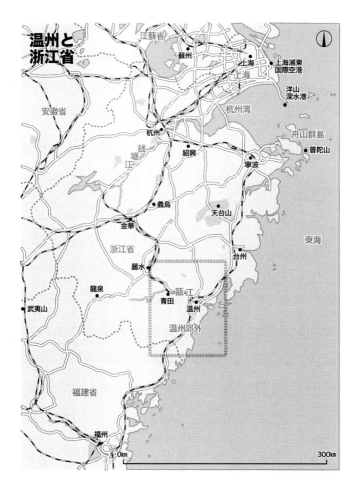

CHINA
温州

それでは中国では？？

では本場中国浙江省温州のみかん事情はどんなものだったのでしょう？　中国では紀元前5世紀の『書経』に橘や柚といった柑橘類が貢物にされたという記録が残り、食用だけでなく薬用としても使われたと言います。そして、温暖な地方での栽培に適した常緑果樹の柑橘類にとって、春と雨に降雨量の多い温州は格好のみかん生産地でした。温州のみかんは、唐代から朝廷への献上品となっていたというのです。南宋の温州知州をつとめた韓彦直は1178年、世界ではじめて柑橘類の専門書『橘録』を記し、みかんの栽培方法や品種について

▲左 甌江の中洲に立つ温州の古刹、江心寺。 ▲右 小さな商いから大きな投資へと拡大させた

言及しています。また以下の記載は『中国のみかん産地・温州の歴史と現代』(岡元司/地域アカデミー公開講座報告書)からの受け売りですが、『橘録』のなかで韓彦直は「南塘(温州)の柑は、比年、尤も盛んなり」と書き、また温州に拠点をおいた永嘉学派の葉適は「林有れば皆な橘樹なり」と記しているというのです。韓彦直の『橘録』は古くから日本でも読まれたこともあって、「温州＝みかん」の産地というイメージは、江戸時代にはできあがっていた。そして、日本原産の新種に「温州」の名前が冠されることになった。というのが温州みかん誕生の経緯のようです。

温州

温州語にまつわる俗説

もうひとつ、温州を語るにあたってよく出てくる超難解な方言の温州語についてご紹介します。温州で路線バスに乗ったところ、バス停を告げるアナウンスで、ふたつの言葉が流れていました。ひとつは「普通語（北京語）」、そしてもうひとつは地元の人の話す「温州語」です。この温州語は上海語と同じ、呉語方言にあたりますが、普通語とは語彙がかなり異なることから、「日中戦争中に八路軍（共産党軍）が日本軍に知られないよう、温州語を連絡用に使ったという説さえある」（ジャパンナレッジ Lib）というほど、温州人以外には

▲左　人びとの生活が息づく温州の市場。　▲右　東塔と西塔それぞれ別の島だったものが宋代につながった

Wenzhou　温州どんなとこ？

聞きとりづらい方言のようです。さらに温州は人びとの往来が困難な山間地帯にあることから、「峠を越えると言葉が変わる」と言われ、温州語のなかでも水系が異なれば言葉が通じない、とも言われるそうです。こうしたところからも、蘇州や北方へ向かって伸びる京杭大運河の南の起点である「杭州」はじめ、「紹興」や「寧波」など浙江省北部と、温州の状況はまるで異なることがご理解いただけると思います。

温州へ行ってみよう

CHINA
温州

浙江省南部に位置する温州
上海から杭州から
また南の福州からも便が出ています

温州への道のり

温州へは上海や浙江省省都の杭州からのアクセスがよいです。ビジネス目的のかたであれば、上海からいきなり温州に行かれるかたもいらっしゃるでしょうが、観光目的ならば杭州、紹興、寧波をまわったうえで、温州に行くのがよいかもしれません。そして、温州行きのアクセスで、断然便利なのが中国版新幹線の高鉄に乗ることです。とくに寧波や福州など東海に面した沿岸部の街とは、2時間ほどで結ばれていますので、これを利用しない手はないかもしれません。ただし高鉄の切符はなかなかとりづらいという一面もあるため、必

▲左　温州市内を走る路線バス、駅から市街へ乗っていこう　▲右　こちらは高鉄の停車する温州南駅

ず前日までに切符を買っておきましょう。高鉄は「温州南駅」に、在来線は「温州駅」に到着します。

温州

[アクセス情報] 上海から温州

・高鉄で。「上海虹橋駅」から「温州南駅」へ。所要4時間〜4時間半。本数は結構ある

・鉄道で。「上海南駅」から「温州駅」へ。所要10時間

・バスで。「長途汽車客運総站」か「長途客運南站」から「温州汽車南站」へ

・飛行機で。「浦東」「虹橋」双方から「温州龍湾国際空港」への便があり、所要1時間〜1時間半

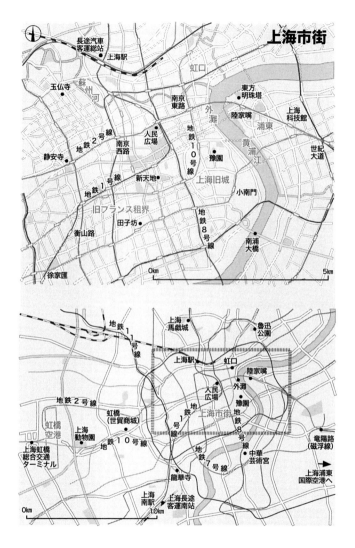

温州

[アクセス情報] 杭州から温州

・高鉄で。「杭州東駅」から「温州南駅」へ。所要3時間。便割りと多し

・鉄道で。「杭州駅」から「温州駅」へ。所要8時間半〜9時間

・バスで。「杭州汽車南站」から「新城客運中心」へ。所要5時間程度。便割りと多し

杭州

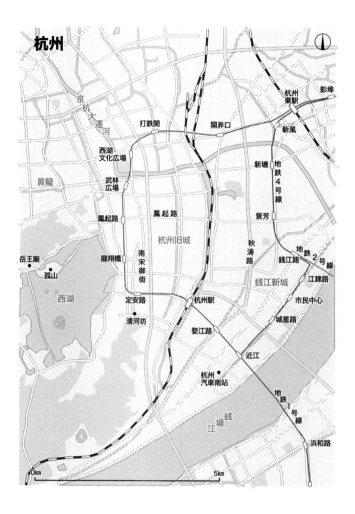

Wenzhou 温州へ行ってみよう

温州

[アクセス情報] 寧波から温州

・高鉄で。「寧波駅」から「温州南駅」へ。所要2時間。便割りと多し

・バスで。「寧波汽車中心站」から「新城客運中心」へ。所要4時間程度

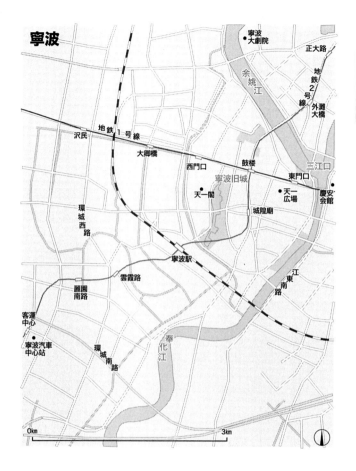

温州

[アクセス情報] 福州から温州

・高鉄で。「福州南駅」か「福州駅」から「温州南駅」へ。所要2時間～2時間半。便割りと多し

・バスで。「福州汽車北站」から「温州汽車南站」へ

[アクセス情報] 天台から温州

・バスで。「天台客運中心站」から「新城客運中心」へ。1日2本

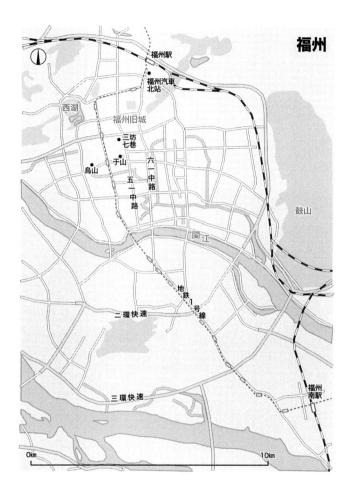

温州

今回の旅程

ここで今回の旅程を記したいと思います。浙江省温州の調査を行なったときは、江蘇省徐州から夜行便に乗って温州を訪れました。そのときの調査は、それまで遼寧省、江蘇省、浙江省、広東省の踏査をしてきたなかで、隙間となっていた山東省、江蘇省北部、浙江省南部、福建省、広東省東部をまわるというものでした。江蘇省徐州から浙江省温州へは15時26分発の夜行で、19時間ほどかかりました。あまり観光客などが利用する便でないことからか、天津出身の青年と乗りあわせ、4人用のコンパートメントをふたりで使いました。

Wenzhou

温州へ行ってみよう

温州に着いてからは路線バスと徒歩、そしてタクシーでまわり、江心嶼へのフェリーにも乗りました。そして温州から次なる目的地の福州に行くため、温州南駅から高鉄（中国版新幹線）で福州へと向かいました。そのため、この旅行ガイドでは、1，実際に歩いたり、路線バスで調べた情報、2，駅やバス停で調べた情報、3，公式ページなどで知り得た伝聞情報、から構成されます。

我想坐高铁去温州

[見せる中国語]

wǒ xiǎng zuò gāo tiě qù wēn zhōu

ウォシィアンズゥオ・ガオティエ・
チュウウェンチョウ

私は「中国版新幹線（高鉄）」
で温州（温州南）に行きたい

我想去温州

[見せる中国語]

wǒ xiǎng qù wēn zhōu

ウォシィアンチュウ
ウェンチョウ

私は温州に
行きたい

【MEMO】

温州駅
南駅空港
から市街

温州の玄関口にあたる鉄道駅や空港は
少し市街地から離れています
路線バスに乗ってみましょう

温州の玄関口

温州に着きました。着く場所はいくつかあると思いますので、ひとつずつあたっていこうと思います。高鉄で温州に到着したなら「温州南駅」、在来線の場合は「温州駅」、バスなら大体「温州汽車南站(鉄道の温州駅と同じ場所)」か新市街の「新城客運中心」です。さらに飛行機で温州を訪れる場合は温州市街から東に離れた「温州龍湾国際空港」が温州への玄関口となるでしょう。それぞれの場所から温州市街に行きたいけれど、温州のどこへ行けばいいかわからない。というかたもいらっしゃるでしょう。そうした場合は、温州旧城の「大南門」

CHINA
温州

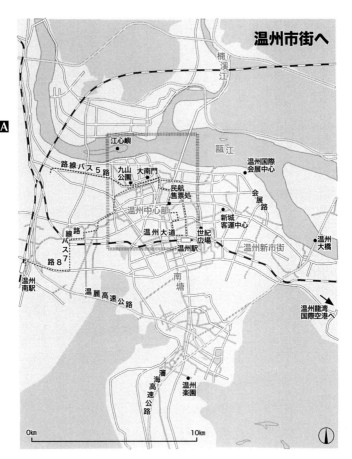

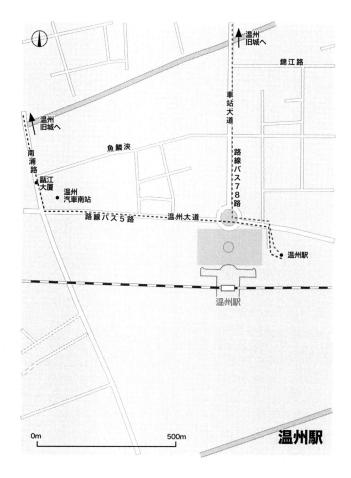

Wenzhou

温州駅南駅空港から市街

温州

を目指すとよいと思います。このあたりには街のランドマークで超高層ビルの「温州世貿中心大厦」や、温州の繁華街「五馬歩行街」へも近く、ホテルやレストランも集まっています。

[**アクセス情報**] **いま温州駅(温州汽車南站)**

・→つぎ大南門。5路、5時半〜23時25分で2元。「大南門」下車

・→つぎ温州南駅。78路、5時55分〜22時で2元。「温州南駅」下車。もしくは29路、91路

・→つぎ新城客運中心。100路で「新城」下車

▲左 実は古い路地やレトロ建築が残る温州　▲右　五馬街あたりの商店

［アクセス情報］いま温州南駅

・→つぎ大南門。78 路。6 時 45 分～で 2 元。「大南門」下車

・→つぎ温州駅。29 路、78 路、91 路

・→つぎ新城客運中心。82 路で「新城」下車

［アクセス情報］いま新城客運中心

・→つぎ大南門。「新城」から 2 路

・→つぎ温州駅。「新城」から 100 路

・→つぎ温州南駅。「新城」から 82 路

温州

[アクセス情報] いま温州龍湾国際空港

・「温州机場」からエアポートバス(机場大巴)で温州市街へ。王朝大酒店の向かいの「民航售票処」まで。5時10分〜20時30分のあいだで30分に1本程度運行。15元。また温州空港行きのエアポートバスも「民航售票処」から運行

・「民航售票処」に着いたら近くの「橋児頭」から路線バス5路で「大南門」へも、「温州駅」へも行ける。逆に「大南門」からも「温州駅」からも5路で「橋児頭」下車で「民航售票処」

・江心嶼へ。路線バス41路(もしくは71路)。5時40分から19時のあいだ13分間隔で2〜5元。「江心碼頭」下車

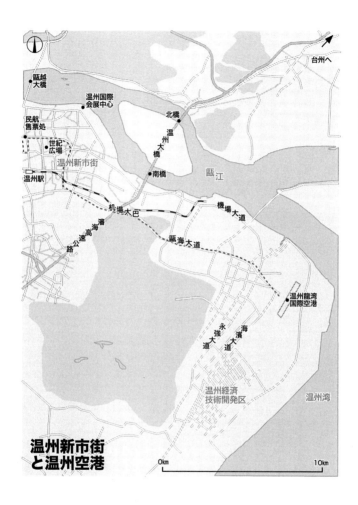

温州新市街と温州空港

・温州南駅へ。路線バス73路。5時50分〜18時半のあいだ30分間隔で2〜5元

我想去大南门

[見せる中国語]
wǒ xiǎng qù dà nán mén
ウォシィアン・チュウ
ダアナァンメン
私は大南門に行きたい

我想去温州火车站

[見せる中国語]
wǒ xiǎng qù wēn zhōu huǒ chē zhàn
ウォシィアン・チュウ
ウェンチョウフゥオチャアヂァン
私は温州駅に行きたい

我想去温州南站

[見せる中国語]
wǒ xiǎng qù wēn zhōu nán zhàn
ウォシィアン・チュウ
ウェンチョウナァンヂアン
私は温州南駅に行きたい

我想去新城客运中心

[見せる中国語]
wǒ xiǎng qù xīn chéng kè yùn zhōng xīn ウォシィアン・チュウシィンチャンカアユゥンチョンシィン
私は新城客運中心に行きたい

【MEMO】

温州
ざっくり
把握

温州旧城は甌江の南岸に位置します
そして旧城の南側、東側に
新市街が広がっています

温州のはじまりと旧城

ざっくり温州の街を把握してみましょう。温州市街の北側を西から東に甌江が流れています。甌江に浮かぶのが江心嶼で、この中州は温州人にとって「蓬莱」にもたとえられる特別な場所となってきました。江心嶼をのぞむ甌江の南岸に温州旧城が広がります。古く、温州の街は甌江北側にあったようですが、323年に現在の南岸に街がつくられました。南宋（1127〜1279年）時代は大変なにぎわいだったと言われ、当時の街区を現代に伝えるのが温州旧城です。

▲左 壁にはられていたポスター。　▲右 温州で一番のにぎわいを見せる五馬歩行街

新市街と広がる温州市区

温州旧城の南側と東側に20世紀以降、新市街がつくられました。温州駅までは旧城から南東に5km、高鉄（中国版新幹線）の温州南駅までは旧城から西に10kmに位置します（温州南駅は地図上、温州の西にあるので、温州西駅が適切な気もしますが、すでに在来線の温州西駅があるようでした。たしかに温州市街から見ても、温州駅から見ても「南」にあるので、一応つじつまはあっています）。そして、温州龍湾国際空港は温州湾（東海）に面し、温州市街から20km東に位置します。と、記していくと、かなり広大な街区を意識して街づくりが

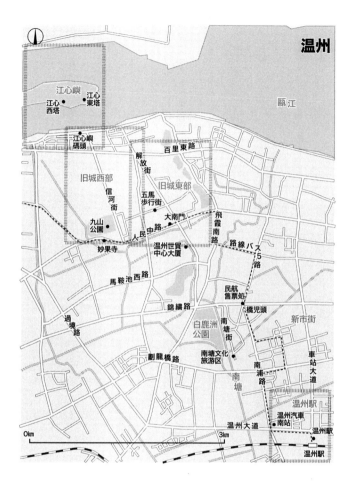

CHINA
温州

進められていることにお気づきになるかもしれません。一方で、温州旧城は徒歩でも観光ができるほど、ぎゅぎゅっと見どころが詰まっているのです。

温州6大エリア

さて、温州6大エリアです。まず高鉄の「温州南駅」、それから「温州駅(温州汽車南站)」、温州旧城の入口とも言える「大南門」、江心嶼への足がかりになる「江心嶼碼頭」、景勝地の「妙果寺(九山公園)」、巨大公共建築がならぶ「新市街(新城客運中心)」。以上の6つです。温州は温州商人による商業都市

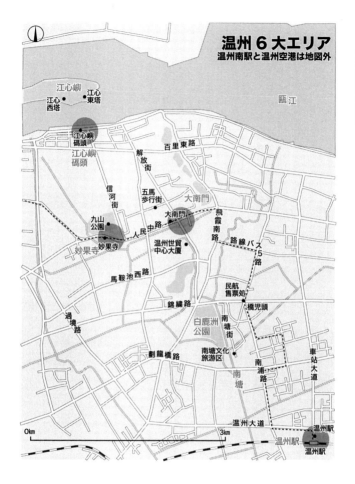

CHINA
温州

のイメージが強いのですが、温州旧城には石づくりの古い建築が結構残り、街歩きも楽しめます(これ、実際に旅するまで知り得なかった意外な一面でした)。そのため、温州旧城の街歩き方法については少しくわしくのちほど述べたいと思います。

【MEMO】

江心嶼
行って
みよう

CHINA
温州

甌江に浮かぶ中洲の江心嶼
フェリーに乗って
出かけましょう

江心嶼へ向かおう

温州に着いてまず行くべきは、ずばり「江心嶼」です。甌江の中洲にいくつもの景勝地が集まる「温州最大の見どころ」と言えます。フェリー代と入場料が一体になっているタイプですので、甌江遊覧と江心嶼観光をあわせて楽しめます。そのため中途半端な時間にフェリーに乗るよりも、先にすませてしまったほうがいいのが江心嶼なのです。江心嶼へは、旧城西側の大動脈にあたる信河街の北端にあたる「江心嶼碼頭」、同じくすぐそばの「星河広場」「皮坊巷」が最寄りのバス停となっております。次章「温州旧城路線バスで移動」に

▲左 フェリー上から見た江心寺。 ▲右 甌江に浮かぶ江心嶼、江心西塔がそびえる

路線バスのルートを記しておきたいと思います。フェリーは江心嶼碼頭と江心嶼とのあいだを往来していて、渡る時間は5分ほど、そこまで待たされることはありませんでした。

[DATA] **江心嶼** 江心屿 jiāng xīn yǔ ジィアンシィンユゥウ
・見どころ、江心寺・浩然楼・文天祥祠・旧イギリス領事館・江心東塔・温州革命歴史紀念館・江心西塔・澄鮮閣
・開放時間8時〜23時（上記の見どころが23時まで開いているかは確認しておらず、16時ごろまでに島に渡ることをおすすめ）
・25元（フェリー代こみ）

温州

・イギリス領事館は1876年に温州が開港したとき、イギリスが上海につくった外灘のような性格をもつ

江心嶼のまわりかた

江心嶼の見どころはフェリー乗り場からすぐそばに集中しています。ちょうど島の南東側です。しかも大体目視できるところに見どころがならびますので、そんなに時間をとらずにまわることができるでしょう。江心嶼側から見る温州の街はなかなか立派なもので、高層ビルがずらりとならぶ様子は、ここが商業都市であることを実感させられます。

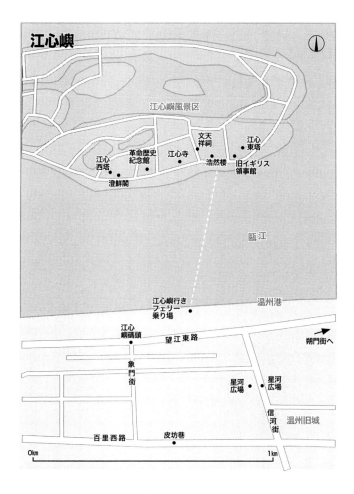

Wenzhou 江心嶼行ってみよう

温州旧城 路線バスで移動

CHINA
温州

温州を走る路線バス
旧城では東西に走るルート
南北に走るルートが活躍します

温州旧城の移動方法

温州旧城はぜひとも歩いてまわっていただきたいのですが、ここで温州6大エリアのうち、旧城にある3つのポイント「大南門（南東）」「江心嶼碼頭（北西）」「九山公園（南西）」間の路線バス往来方法を記したいと思います。この3つのポイントからは温州旧城の見どころへは大体歩いていけるはずです。温州旧城は東西1.5 km（徒歩19分）、南北1.8 km（徒歩23分）ぐらいの規模です。

Wenzhou 温州旧城路線バスで移動

［アクセス情報］いま大南門

・→つぎ江心嶼。「小高橋」から68路で「江心嶼碼頭」。「謝池巷」から1路で「皮坊巷」

・→つぎ妙果寺。「大南門」から2路か4路で「妙果寺」

［アクセス情報］いま江心嶼

・→つぎ大南門。「江心嶼碼頭」から68路で「小高橋」。「皮坊巷」から1路で「謝池巷」

・→つぎ妙果寺。「皮坊巷」から90路か44路で「妙果寺」。「江心嶼碼頭」から68路で「小高橋」

温州

[アクセス情報] いま妙果寺

・→つぎ大南門。「妙果寺」から2路か4路で「大南門」
・→つぎ江心嶼。「妙果寺」から90路か44路で「皮坊巷」。「小高橋」から68路で「江心嶼碼頭」

我想去妙果寺

[見せる中国語]
wǒ xiǎng qù miào guǒ sì
ウォシィアン・チュウ・
ミィアオグゥオスウ
私は妙果寺に行きたい

我想去五马步行街

[見せる中国語]
wǒ xiǎng qù wǔ mǎ bù xíng jiē
ウォシィアン・チュウ・
ウウマアブウシィンジエ
私は五馬歩行街に行きたい

我想去
纱帽河

[見せる中国語]
wǒ xiǎng qù shā mào hé
ウォシィアン・チュウ・
シャアマァオハア
私は紗帽河に行きたい

我想去谯楼

[見せる中国語]
wǒ xiǎng qù qiáo lóu
ウォシィアン・チュウ・チィアオロウ
私は譙楼(鼓楼)に行きたい

我想去兴文里

[見せる中国語]
wǒ xiǎng qù xìng wén lǐ
ウォシィアン・チュウ・
シィンウェンリイ
私は興文里に行きたい

我想去朔门街

[見せる中国語]
wǒ xiǎng qù shuò mén jiē
ウォシィアン・チュウ・
シュゥオメンジィエ
私は朔門街に行きたい

歩こう温州旧城の路地

実はレトロな建物がいっぱい
残っているのも温州です
温州のもう一面をご案内します

温州旧城歩いてみよう

上述しましたが、温州旧城は東西1.5km（東西に徒歩19分）、南北1.8km（南北に徒歩23分）ほどの規模です。そのため、「温州駅」や「温州南駅」から温州市街への長い距離を考えると、実にこぢんまりとしていて、ぎゅぎゅっと見どころが詰まっていると言えます。調査時は、「江心嶼碼頭」から「妙果寺」方面まで歩き、そこから五馬歩行街に向かいましたが、とくに疲れることなく、街歩きを楽しめたものでした。なので、温州旧城はぜひ歩いてみましょう。

温州

温州旧城ベスト 5

- 五馬歩行街
- 譙楼(鼓楼)付近
- 朔門街
- 妙果寺(九山公園)付近
- 興文里付近

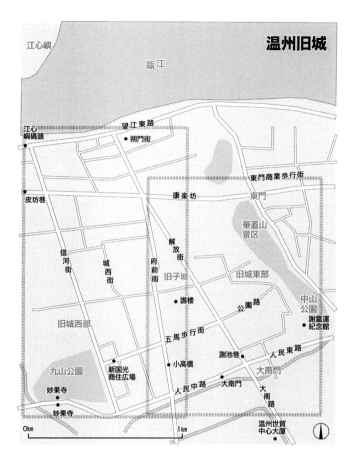

温州

街歩きの起点

温州旧城の街歩きの起点となるのは「大南門」です。人民路という温州一番の通りが東西に走っていて、この大南門の周囲には高層ビルが林立しています。高さ323.3mの「温州世貿中心大厦」、温州を代表する大型商業店舗の「開太百貨」も近くに位置します。「大南門」から解放街を北に進んでみましょう。「紗帽河」そして「五馬歩行街」が東西に走っています。このあたりが温州最大の繁華街です。小吃店や地元の人が集まる温州料理店などもありますので、ぶらぶら歩いているとすぐに時間がたつはずです。

Wenzhou 歩こう温州旧城の路地

五馬歩行街から北へ

「五馬歩行街」を堪能したら、歩行街西端に立つ「五馬の彫像」へ行ってみましょう。この5つの馬＝五馬は、温州太守となった六朝時代の貴族謝霊運（385～433年）が五馬をともなって温州を訪れたという話にちなみます。ここから北に伸びるのが公安路です。しばらく進むと、何やら趣ある建物が立っています。昔ながらの建物「譙楼」です。ここで太鼓を打って街に時間を知らせたことから、鼓楼とも呼ばれています。ちなみに公安路から路地に入ると野菜やフルーツを売る市場などもありますので、このあたりが温州旧城のハイラ

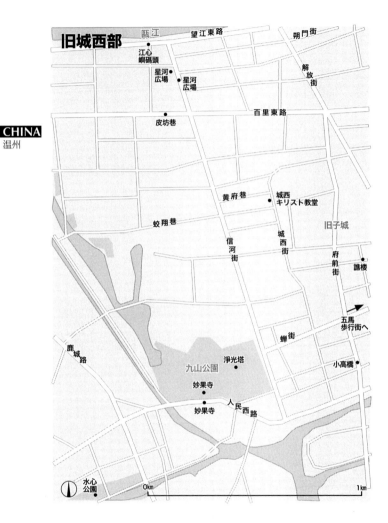

CHINA
温州

イトかもしれません。

[DATA] **五马步行街** 五马步行街
wǔ mǎ bù xíng jiē ウウマアブウシィンジエ

・無料
・24時間

[DATA] **纱帽河** 纱帽河 shā mào hé シャアマァオハア

・無料
・24時間

▲左　謝霊運の五馬をモチーフにした彫像。　▲右　市場には10数種類の米がならんでいた

[DATA] 譙楼（鼓楼）谯楼 qiáo lóu チィアオロウ

・9〜17時

・無料

・月曜休み

東行く？　西行く？

譙楼（鼓楼）が温州旧城のへその部分にあたります。そこから東へ行くのもよし、西へ行くのもよしです。東へ行くなら、古い街並みの残る「興文里」から「公園路」を横切って、山水詩の創始者でもある「謝霊運紀念館」、「中山公園」へと足

CHINA
温州

を運びましょう。西の場合は1876年の開港後にキリスト教布教の拠点となった「城西キリスト教堂」、古い路地の「黄府巷」あたりを見て、そこから南の「妙果寺(九山公園)」へ行ってみましょう。そこにはそびえ立つ「新国光商住広場(上部でふたつのビルがつながっている)」の姿も視界に入るでしょう。また大南門からは少し離れていますが、甌江近くの「朔門街」は昔ながらの風情が残る中国人旅行者に人気の路地となっています。

▲左　温州旧城の中心にあたった譙楼。　▲右　臭豆腐店に人が集まっている

[DATA] **妙果寺** 妙果寺 miào guǒ sì ミィアオグゥオスウ

・無料

[DATA] **謝霊運紀念館** 谢灵运纪念馆 xiè líng yùn jì niàn guǎn シィエリィンユゥンジイニィエングゥアン

・無料

[DATA] **朔門街** 朔门街 shuò mén jiē シュゥオメンジィエ

・無料

【MEMO】

新市街も
すごい
ことに

温州新市街と郊外
少し離れています
タクシー利用も念頭に入れてみましょう

巨大建築がずらりの温州世紀広場

続いては新市街にある温州世紀広場です。高さ60mの「観光塔」がそびえ、周囲には「温州博物館」「温州市図書館」「温州科技館」「温州大劇院」が集まる温州の新たな顔となっています。こちらはバスターミナルの新城客運中心からは歩いて行ける距離ですので、杭州や寧波からバスで温州に到着されたかたは、先に温州世紀広場をご覧になってもよいでしょう。

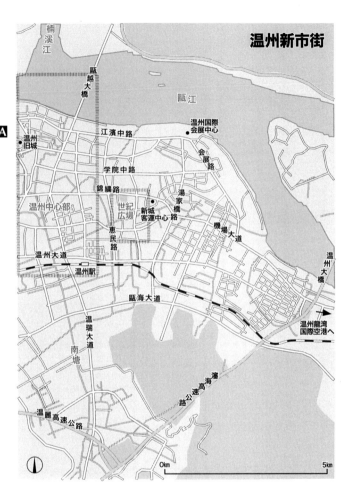

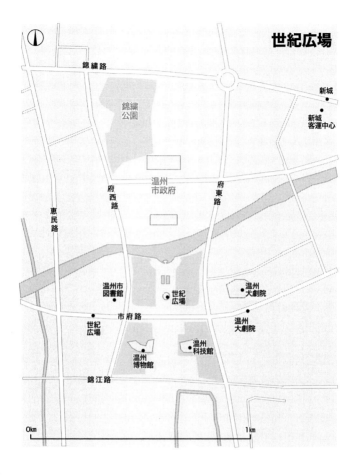

温州

[アクセス情報] 世紀広場へ

・大南門から。「大南門」から64路で「世紀広場」か「温州大戯院」

・温州駅から。「温州駅（火车站）」から99路で「世紀広場」か「温州大戯院」

温州郊外の見どころ

温州ガバメントが発行する旅行ガイドや情報では、温州郊外の美しい山水の景勝地がいくつも紹介されていました。そもそも、五馬歩行街の五馬をともなって温州へやってきた謝霊運（385

▲左　豊かな山水の広がる温州郊外。　▲右　路線バスは人びとの足となっている

〜433年）によって、中国の山水詩ははじまったとされることから、温州は「中国山水詩」発祥の地であるとも言えそうです。「楠溪江風景名勝区」「雁蕩山風景名勝区」「澤雅風景区」あたりが温州郊外にある山水豊かな景勝地となっています。

温州商人について

ここで、これまでご紹介した温州の観光や観光地といった切り口では、なかなか見えてこない温州商人について記したいと思います。温州商人は1978年の改革開放を受けて、中国全土に進出し、商機を見つけては投資し、商売を成功させて

CHINA
温州

きた生粋の商売人のことです。改革開放にあたっては、それまでの計画経済から資本主義の要素が導入され、誰がどんな商売をしてもよい、という大きな政策の転換があり、このチャンスを次々とものにしていったのが温州商人というわけです。山がちで耕作地に乏しい温州の地理、他の中国人に通じない温州語、この地方特有の地縁や血縁など、さまざまな理由があって成功した温州商人は「中国式資本主義の申し子」とも呼べるようです。強い連帯をもち、機を見るに敏な温州商人の力もあって、現在、温州には超高層ビル群が立ち、壮大な規模の街区が築かれています。

温州郊外

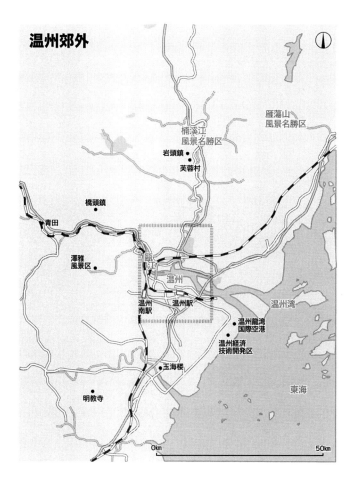

我想去世纪广场

[見せる中国語]
wǒ xiǎng qù shì jì guǎng chǎng
ウォシィアン・チュウ・
シイジイグゥアンチャァアン
私は世紀広場 に行きたい

我想去楠溪江风景名胜区

[見せる中国語]
wǒ xiǎng qù nán xī jiāng
fēng jǐng míng shèng qū
ウォシィアン・チュウ・ナァンシイジィアン
フェンジィンミィンシェンチュウ
私は楠溪江風景名勝区
に行きたい

我想去雁荡山风景名胜区

[見せる中国語]
wǒ xiǎng qù yàn dàng shān
fēng jǐng míng shèng qū
ウォシィアン・チュウ・ヤァンダァンシャンフェンジィンミィンシェンチュウ
私は雁蕩山風景名勝区に行きたい

我想去泽雅风景区

[見せる中国語]
wǒ xiǎng qù zé yǎ fēng jǐng qū
ウォシィアン・チュウ・
ザアヤアフェンジィンチュウ
私は澤雅風景区に行きたい

温州から
福州や
杭州へ

CHINA
温州

さて温州観光が終わったら
次の街へ向かいましょう
行き先は杭州？　それとも福州？

温州から次の街行こう

温州観光が終わったら次の目的地へと向かいましょう。上海、杭州、そして南の福州。温州の丘陵地は福建省へと続いていきます。福州まで行くともう南国の陽気です。これまでこのエリアの陸路移動は不便だったのですが、中国東南沿岸部をつらぬく高鉄（中国版新幹線）の開通によって、寧波〜温州〜福州の旅は格段に快適なものとなっています。

Wenzhou 温州から福州や杭州へ

[アクセス情報] 上海へ

・高鉄で。「温州南駅」から「上海虹橋駅」へ。所要4時間～4時間半。本数は結構ある
・鉄道で。「温州駅」から「上海南駅」へ。所要10時間
・バスで。「温州汽車南站」から「長途汽車客運総站」か「長途客運南站」へ
・飛行機で。「温州龍湾国際空港」から「浦東」「虹橋」へ。所要1時間～1時間半

温州

［アクセス情報］杭州へ

・高鉄で。「温州南駅」から「杭州東駅」へ。所要3時間。便割りと多し

・鉄道で。「温州駅」から「杭州駅」へ。所要8時間半〜9時間

・バスで。「新城客運中心」から「杭州汽車南站」へ。所要5時間程度。便割りと多し

▲左　甌江ほとりに開けた商業都市のたたずまい。　▲右　温州商人のパワーは中国全土に広がっていった

［アクセス情報］寧波へ

・高鉄で。「温州南駅」から「寧波駅」へ。所要2時間。便割りと多し

・バスで。「新城客運中心」から「寧波汽車中心站」へ。所要4時間程度

［アクセス情報］福州へ

・高鉄で。「温州南駅」から「福州南駅」か「福州駅」へ。所要2時間～2時間半。便割りと多し

・バスで。「温州汽車南站」から「福州汽車北站」へ

温州

[アクセス情報] 天台へ

・バスで。「新城客運中心」から「天台客運中心站」へ。1日2本

最後におすすめの1冊

最後に温州の旅行ガイド制作にあたって、たどり着いた1冊の書籍についてふれたいと思います。それは『百年目の帰郷』(鈴木洋史/小学館)という書籍で、温州から甌江をさかのぼった青田の農村出身の王仕福にまつわる内容でした。20世紀初頭、王仕福は甌江をくだり、温州から上海、そして

Wenzhou

温州から福州や杭州へ

華僑として神戸に渡り、そこから東京へ。東京で中華料理店五十番を開き、やがてひとりの天才打者を育てる物語。その天才打者の名は、国民栄誉賞を受賞する王貞治氏。温州と東京、貧困と成功、中国人と日本人、華僑。それぞれが交錯する書籍をご紹介して温州の旅を締めくくりたいと思います。

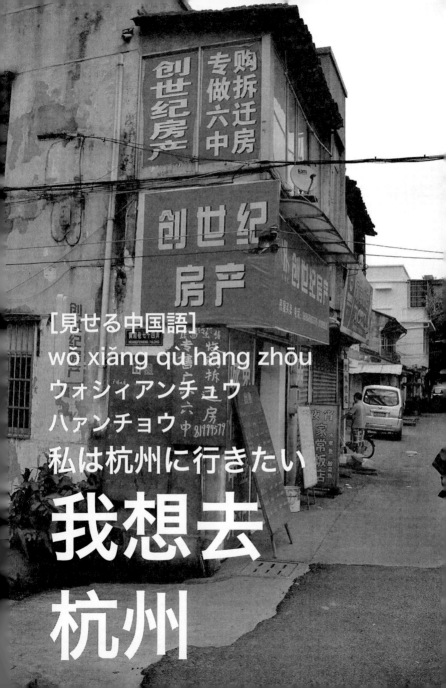

[見せる中国語]
wǒ xiǎng qù níng bō
ウォシィアンチュウ
ニィンボオ
私は寧波に行きたい
我想去宁波

CHINA
温州

あとがき

　今回の調査にあたって乗った徐州（江蘇省）発温州行きの夜行列車、19時間の旅路。実はこの19時間はあっと言う間に過ぎました。徐州を15時26分に出発したあと、旅の疲れからか、18時ごろには眠りにつき、目が覚めたのは翌朝8時ごろ。そこから食堂車へ行って朝食を食べ、コンパートメントに帰ってきて、天津出身の中国人青年と少しお話をしていたら、すぐに温州駅に着いたのです。

　夜行列車の思い出。私が、はじめて降り立った中国の街は、

Wenzhou

あとがき

　旧正月を迎えようとする上海でした。中央アジアに向かうため、上海から西安、西安から敦煌、トルファン、カシュガルと、列車を乗り継ぎながら中国とシルクロードを横断したのでした。河西回廊の褐色の大地を眺めながら、列車にごとごとと揺られ、中国語のほとんどわからなかった当時の私は筆談をしたり、身振り手振りでコンパートメントの人たちとやりとりしていました。たしか新疆ウイグル自治区トルファンからカシュガルまでは列車で丸2日かかったように憶えています。

　広大な大陸を走る中国の列車。「哈爾浜発重慶行き」とい

CHINA
温州

うように北国から西南の奥地へ向かう壮大な便も数多くあります。発車前になって待合室のゲートが開き、切符をもって一目散に列車に向かう人びと。そして、車両の入口に立ち、旅人を迎える制服姿の車掌さんの凛々しい姿。私は夜行列車に乗るこの瞬間を求めて旅を続けています。

2015年12月2日　たきざわ旅人

Wenzhou | あとがき

参考資料

『中国のみかん産地・温州の歴史と現代』(岡元司 / 地域アカデミー公開講座報告書)

温州旅游网 - 温州市旅游局官方网站(中国語)http://www.wzta.gov.cn/

中国江心屿(中国語)http://www.jxyzj.com/

欢迎光临江天佛国 - 温州江心寺网站!(中国語)http://www.jiangxinsi.com/

妙果寺(中国語)http://www.miaoguosi.cn/

温州公园网(中国語)http://www.wzgyw.com.cn/

温州机场集团有限公司(中国語)http://www.wzair.cn/

温州市交通运输集团有限公司(中国語)http://www.wzsjy.com/

[PDF] 温州 STAY(ホテル&レストラン情報)http://machigotopub.com/pdf/wenzhoustay.pdf

まちごとパブリッシングの旅行ガイド

Machigoto INDIA , Machigoto ASIA , Machigoto CHINA

【北インド - まちごとインド】

001 はじめての北インド
002 はじめてのデリー
003 オールド・デリー
004 ニュー・デリー
005 南デリー
012 アーグラ
013 ファテープル・シークリー
014 バラナシ
015 サールナート
022 カージュラホ
032 アムリトサル

【西インド - まちごとインド】

001 はじめてのラジャスタン
002 ジャイプル
003 ジョードプル
004 ジャイサルメール
005 ウダイプル
006 アジメール（プシュカル）
007 ビカネール
008 シェカワティ
011 はじめてのマハラシュトラ
012 ムンバイ
013 プネー
014 アウランガバード
015 エローラ
016 アジャンタ
021 はじめてのグジャラート
022 アーメダバード
023 ヴァドダラー（チャンパネール）

024 ブジ（カッチ地方）

【東インド - まちごとインド】

002 コルカタ
012 ブッダガヤ

【南インド - まちごとインド】

001 はじめてのタミルナードゥ
002 チェンナイ
003 カーンチプラム
004 マハーバリプラム
005 タンジャヴール
006 クンバコナムとカーヴェリー・デルタ
007 ティルチラパッリ
008 マドゥライ
009 ラーメシュワラム
010 カニャークマリ
021 はじめてのケーララ
022 ティルヴァナンタプラム
023 バックウォーター（コッラム～アラップーザ）
024 コーチ（コーチン）
025 トリシュール

【ネパール - まちごとアジア】

001 はじめてのカトマンズ
002 カトマンズ
003 スワヤンブナート

004 パタン
005 バクタプル
006 ポカラ
007 ルンビニ
008 チトワン国立公園

【バングラデシュ - まちごとアジア】

001 はじめてのバングラデシュ
002 ダッカ
003 バゲルハット（クルナ）
004 シュンドルボン
005 プティア
006 モハスタン（ボグラ）
007 パハルプール

【パキスタン - まちごとアジア】

002 フンザ
003 ギルギット（KKH）
004 ラホール
005 ハラッパ
006 ムルタン

【イラン - まちごとアジア】

001 はじめてのイラン
002 テヘラン
003 イスファハン
004 シーラーズ
005 ペルセポリス
006 パサルガダエ（ナグシェ・ロスタム）
007 ヤズド
008 チョガ・ザンビル（アフヴァーズ）
009 タブリーズ
010 アルダビール

【北京 - まちごとチャイナ】

001 はじめての北京
002 故宮（天安門広場）
003 胡同と旧皇城
004 天壇と旧崇文区
005 瑠璃廠と旧宣武区
006 王府井と市街東部
007 北京動物園と市街西部
008 頤和園と西山
009 盧溝橋と周口店
010 万里の長城と明十三陵

【天津 - まちごとチャイナ】

001 はじめての天津
002 天津市街
003 浜海新区と市街南部
004 薊県と清東陵

【上海 - まちごとチャイナ】

001 はじめての上海
002 浦東新区
003 外灘と南京東路
004 淮海路と市街西部
005 虹口と市街北部
006 上海郊外（龍華・七宝・松江・嘉定）
007 水郷地帯（朱家角・周荘・同里・甪直）

【河北省 - まちごとチャイナ】

001 はじめての河北省
002 石家荘
003 秦皇島
004 承徳
005 張家口
006 保定
007 邯鄲

【江蘇省 - まちごとチャイナ】

001 はじめての江蘇省
002 はじめての蘇州
003 蘇州旧城
004 蘇州郊外と開発区
005 無錫
006 揚州
007 鎮江
008 はじめての南京
009 南京旧城
010 南京紫金山と下関
011 雨花台と南京郊外・開発区
012 徐州

【浙江省 - まちごとチャイナ】

001 はじめての浙江省
002 はじめての杭州
003 西湖と山林杭州
004 杭州旧城と開発区
005 紹興
006 はじめての寧波
007 寧波旧城
008 寧波郊外と開発区
009 普陀山
010 天台山
011 温州

【福建省 - まちごとチャイナ】

001 はじめての福建省
002 はじめての福州
003 福州旧城
004 福州郊外と開発区
005 武夷山
006 泉州
007 厦門
008 客家土楼

【広東省 - まちごとチャイナ】

001 はじめての広東省
002 はじめての広州
003 広州古城
004 天河と広州郊外
005 深圳（深セン）
006 東莞
007 開平（江門）
008 韶関
009 はじめての潮汕
010 潮州
011 汕頭

【遼寧省 - まちごとチャイナ】

001 はじめての遼寧省
002 はじめての大連
003 大連市街
004 旅順
005 金州新区

006 はじめての瀋陽
007 瀋陽故宮と旧市街
008 瀋陽駅と市街地
009 北陵と瀋陽郊外
010 撫順

【重慶 - まちごとチャイナ】

001 はじめての重慶
002 重慶市街
003 三峡下り（重慶〜宜昌）
004 大足

【香港 - まちごとチャイナ】

001 はじめての香港
002 中環と香港島北岸
003 上環と香港島南岸
004 尖沙咀と九龍市街
005 九龍城と九龍郊外
006 新界
007 ランタオ島と島嶼部

【マカオ - まちごとチャイナ】

001 はじめてのマカオ
002 セナド広場とマカオ中心部
003 媽閣廟とマカオ半島南部
004 東望洋山とマカオ半島北部
005 新口岸とタイパ・コロアン

【Juo-Mujin（電子書籍のみ）】

Juo-Mujin 香港縦横無尽
Juo-Mujin 北京縦横無尽
Juo-Mujin 上海縦横無尽

【自力旅游中国 Tabisuru CHINA】

001 バスに揺られて「自力で長城」
002 バスに揺られて「自力で石家荘」
003 バスに揺られて「自力で承徳」
004 船に揺られて「自力で普陀山」
005 バスに揺られて「自力で天台山」
006 バスに揺られて「自力で秦皇島」
007 バスに揺られて「自力で張家口」
008 バスに揺られて「自力で邯鄲」
009 バスに揺られて「自力で保定」
010 バスに揺られて「自力で清東陵」
011 バスに揺られて「自力で潮州」
012 バスに揺られて「自力で汕頭」
013 バスに揺られて「自力で温州」

【車輪はつばさ】
南インドのアイラヴァテシュワラ寺院には建築本体に車輪がついていて寺院に乗った神さまが人びとの想いを運ぶと言います。

・本書はオンデマンド印刷で作成されています。
・本書の内容に関するご意見、お問い合わせは、発行元の
　まちごとパブリッシング info@machigotopub.com までお願いします。

Tabisuru CHINA 013
バスに揺られて「自力で温州」
〜自力旅游中国［モノクロノートブック版］

2017年11月14日　発行

著　者	「アジア城市（まち）案内」制作委員会
発行者	赤松　耕次
発行所	まちごとパブリッシング株式会社
	〒181-0013　東京都三鷹市下連雀4-4-36
	URL http://www.machigotopub.com/
発売元	株式会社デジタルパブリッシングサービス
	〒162-0812　東京都新宿区西五軒町11-13
	清水ビル3F
印刷・製本	株式会社デジタルパブリッシングサービス
	URL http://www.d-pub.co.jp/

MP183

ISBN978-4-86143-317-7 C0326　　　　Printed in Japan
本書の無断複製複写（コピー）は、著作権法上での例外を除き、禁じられています。